JN427574

신약성경 그리스어
어형 변화

신약성경 그리스어 어형 변화
2010년 6월 18일 교회인가
2010년 7월 20일 초판 1쇄 펴냄
엮은이: 정태현
펴낸이: 조병우
펴낸곳: 한님성서연구소
등록: 제85호
주소: 480-844 경기도 의정부시 의정부 1동 227-23
전화: 031)846-3467 팩스: 031)846-3595
http://www.biblicum.or.kr

값: 5,000원
ISBN: 978-89-94359-12-0 93230

*표지의 그리스어 본문은 체스터 베티 사본의 마르코 복음 본문이다.

책을 내며

이 책 『신약성경 그리스어 어형변화』는 올해 초에 엮은이가 출간한 『신약성경 그리스어 문법 초급편』의 필수 참고서다. 이 책은 크게 네 부분으로 나누어 그리스어 어형 변화를 정리하였다. 제1부는 관사 · 명사 변화, 제2부는 형용사 · 분사 변화, 제3부는 대명사 · 수사 변화, 제4부는 동사 변화다. 제4부 동사 변화 말미에는 동사의 여섯 가지 기본형을 알파벳 순서에 따라 소개하여 익숙하지 않은 불규칙 동사의 기본형들을 손쉽게 찾아볼 수 있게 하였다.

이 책의 편집 방침은 순서에 맞추어 일목요연하게 엮는 것이었다. 방침대로 잘 엮어졌는지는 독자의 판단에 맡긴다. 잘못된 점, 부족한 점에 대해서는 언제든지 독자들의 지적과 조언을 환영한다. 신약성경 그리스어 본문을 읽는 데 이 작은 책자가 좋은 참고서가 되기를 희망하며

광주가톨릭대학교 질마산 기슭에서
2010년 6월 엮은이

차 례

제1부
관사 · 명사 변화

§1. 정관사 ὁ, ἡ, τό

단	주	ὁ	ἡ	τό	복	주	οἱ	αἱ	τά
	속	τοῦ	τῆς	τοῦ		속	τῶν	τῶν	τῶν
	여	τῷ	τῇ	τῷ		여	τοῖς	ταῖς	τοῖς
	대	τόν	τήν	τό		대	τούς	τάς	τά

§2. –α, –η로 끝나는 명사 제1변화

단	주/호	ὥρα	δόξα	γραφή
	속	ὥρας	δόξης	γραφῆς
	여	ὥρᾳ	δόξῃ	γραφῇ
	대	ὥραν	δόξαν	γραφήν
복	주/호	ὧραι	δόξαι	γραφαί
	속	ὡρῶν	δοξῶν	γραφῶν
	여	ὥραις	δόξαις	γραφαῖς
	대	ὥρας	δόξας	γραφάς

§3. –ης, –ας로 끝나는 명사 제1변화

단	주	μαθητής	νεανίας	Ἰούδας
	속	μαθητοῦ	νεανίου	Ἰούδα
	여	μαθητῇ	νεανίᾳ	Ἰούδᾳ
	대	μαθητήν	νεανίαν	Ἰούδαν
	호	μαθητά	νεανία	Ἰούδα
복	주/호	μαθηταί	νεανίαι	
	속	μαθητῶν	νεανιῶν	
	여	μαθηταῖς	νεανίαις	
	대	μαθητάς	νεανίας	

§4. 명사 제2변화

단	주	λόγος	δῶρον	νοῦς	Ἰησοῦς
	속	λόγου	δώρου	νοός(νοῦ)	Ἰησοῦ
	여	λόγῳ	δώρῳ	νοΐ(νῷ)	Ἰησοῦ
	대	λόγον	δῶρον	νοῦν	Ἰησοῦν
	호	λόγε	δῶρον	νοῦ	Ἰησοῦ
복	주	λόγοι	δῶρα	νοῖ	
	속	λόγων	δώρων	νῶν	
	여	λόγοις	δώροις	νοῖς	
	대	λόγους	δῶρα	νοῦς	
	호	λόγοι	δῶρα	νοῖ	

§5. 명사 제3변화의 기본 변화

단	주	ἄρχων	νύξ	ὄνομα	γυνή
	속	ἄρχοντος	νυκτός	ὀνόματος	γυναικός
	여	ἄρχοντι	νυκτί	ὀνόματι	γυναικί
	대	ἄρχοντα	νύκτα	ὄνομα	γυναῖκα
	호	ἄρχων	νύξ	ὄνομα	γύναι
복	주	ἄρχοντες	νύκτες	ὀνόματα	γυναῖκες
	속	ἀρχόντων	νυκτῶν	ὀνομάτων	γυναικῶν
	여	ἄρχουσι(ν)	νυξί(ν)	ὀνόμασι(ν)	γυναιξί(ν)
	대	ἄρχοντας	νύκτας	ὀνόματα	γυναῖκας
	호	ἄρχοντες	νύκτες	ὀνόματα	γυναῖκες

§6. 명사 제3변화의 유음(ρ) 어간 변화

단	주	πατήρ	ἀνήρ	ῥήτωρ	σωτήρ	χείρ	μάρτυς
	속	πατρός	ἀνδρός	ῥήτορος	σωτῆρος	χειρός	μάρτυρος
	여	πατρί	ἀνδρί	ῥήτορι	σωτῆρι	χειρί	μάρτυρι
	대	πατέρα	ἄνδρα	ῥήτορα	σωτῆρα	χεῖρα	μάρτυρα
	호	πάτερ	ἄνερ	ῥήτωρ	σωτήρ	χείρ	μάρτυς
복	주	πατέρες	ἄνδρες	ῥήτορες	σωτῆρες	χεῖρες	μάρτυρες
	속	πατέρων	ἀνδρῶν	ῥητόρων	σωτήρων	χειρῶν	μαρτύρων
	여	πατράσι(ν)	ἀνδράσι(ν)	ῥήτορσι(ν)	σωτῆρσι(ν)	χερσί(ν)	μάρτυσι(ν)
	대	πατέρας	ἄνδρας	ῥήτορας	σωτῆρας	χεῖρας	μάρτυρας
	호	πατέρες	ἄνδρες	ῥήτορες	σωτῆρες	χεῖρες	μάρτυρες

§7. 명사 제3변화의 이중모음 어간 변화

단	주	πόλις	ἰχθύς	πῆχυς	βασιλεύς	βοῦς
	속	πόλεως	ἰχθύος	πήχεως/πήχεος	βασιλέως	βοός
	여	πόλει	ἰχθύι	πήχει	βασιλεῖ	βοΐ
	대	πόλιν	ἰχθύν	πῆχυν	βασιλέα	βοῦν
	호	πόλι	ἰχθύ	πῆχυ	βασιλεῦ	βοῦ
복	주	πόλεις	ἰχθύες	πήχεις	βασιλεῖς	βόες
	속	πόλεων	ἰχθύων	πηχῶν/πήχεων	βασιλέων	βοῶν
	여	πόλεσι(ν)	ἰχθύσι(ν)	πήχεσι(ν)	βασιλεῦσι(ν)	βουσί(ν)
	대	πόλεις	ἰχθύας	πήχεις	βασιλεῖς	βόας
	호	πόλεις	ἰχθύες	πήχεις	βασιλεῖς	βόες

§8. 제3변화 중성명사

단	주	πνεῦμα	ὕδωρ	φῶς	ἔθνος
	속	πνεύματος	ὕδατος	φωτός	ἔθνους
	여	πνεύματι	ὕδατι	φωτί	ἔθνει
	대	πνεῦμα	ὕδωρ	φῶς	ἔθνος
	호	πνεῦμα	ὕδωρ	φῶς	ἔθνος
복	주	πνεύματα	ὕδατα	φῶτα	ἔθνη
	속	πνευμάτων	ὑδάτων	φώτων	ἐθνῶν
	여	πνεύμασι(ν)	ὕδασι(ν)	φωσί(ν)	ἔθνεσι(ν)
	대	πνεύματα	ὕδατα	φῶτα	ἔθνη
	호	πνεύματα	ὕδατα	φῶτα	ἔθνη

제2부
형용사 · 분사 변화

§9. −ος, −η/α, −ον으로 끝나는 형용사 제1/2변화

		남	여	중
단	주	ἀγαθός	ἀγαθή	ἀγαθόν
	속	ἀγαθοῦ	ἀγαθῆς	ἀγαθοῦ
	여	ἀγαθῷ	ἀγαθῇ	ἀγαθῷ
	대	ἀγαθόν	ἀγαθήν	ἀγαθόν
	호	ἀγαθέ	ἀγαθή	ἀγαθόν
복	주	ἀγαθοί	ἀγαθαί	ἀγαθά
	속	ἀγαθῶν	ἀγαθῶν	ἀγαθῶν
	여	ἀγαθοῖς	ἀγαθαῖς	ἀγαθοῖς
	대	ἀγαθούς	ἀγαθάς	ἀγαθά
	호	ἀγαθοί	ἀγαθαί	ἀγαθά

*어간 −ος 앞에 −ε, −ι, −ρ가 오면 여성 어미가 −α로 바뀐다.

		남	여	중
단	주	ἅγιος	ἁγία	ἅγιον
	속	ἁγίου	ἁγίας	ἁγίου
	여	ἁγίῳ	ἁγίᾳ	ἁγίῳ
	대	ἅγιον	ἁγίαν	ἅγιον
	호	ἁγίε	ἁγία	ἅγιον
복	주	ἅγιοι	ἅγιαι	ἅγια
	속	ἁγίων	ἁγίων	ἁγίων
	여	ἁγίοις	ἁγίαις	ἁγίοις
	대	ἁγίους	ἁγίας	ἅγια
	호	ἅγιοι	ἅγιαι	ἅγια

§10. -ους, -η/α, -ουν으로 끝나는 형용사 제1/2변화

		남	여	중
단	주	χρυσοῦς	χρυσῆ	χρυσοῦν
	속	χρυσοῦ	χρυσῆς	χρυσοῦ
	여	χρυσῷ	χρυσῇ	χρυσῷ
	대	χρυσοῦν	χρυσῆν	χρυσοῦν
복	주	χρυσοῖ	χρυσαῖ	χρυσᾶ
	속	χρυσῶν	χρυσῶν	χρυσῶν
	여	χρυσοῖς	χρυσαῖς	χρυσοῖς
	대	χρυσοῦς	χρυσᾶς	χρυσᾶ

§11. 형용사 제3변화

		남/여	중	남/여	중
단	주	ἀληθής	ἀληθές	πλειών	πλεῖον
	속	ἀληθοῦς	ἀληθοῦς	πλείονος	πλείονος
	여	ἀληθεῖ	ἀληθεῖ	πλείονι	πλείονι
	대	ἀληθῆ	ἀληθές	πλείονα	πλεῖον
	호	ἀληθές	ἀληθές		
복	주	ἀληθεῖς	ἀληθῆ	πλείονες/πλείους	πλείονα/πλείω
	속	ἀληθῶν	ἀληθῶν	πλειόνων	πλειόνων
	여	ἀληθέσι(ν)	ἀληθέσι(ν)	πλείοσι(ν)	πλείοσι(ν)
	대	ἀληθεῖς	ἀληθῆ	πλείονας/πλείους	πλείονα/πλείω
	호	ἀληθεῖς	ἀληθῆ		

*아래 변화는 명사 제3(남성)/1(여성)/3(중성) 변화의 합성 형태이다.

		남	여	중
단	주	πᾶς	πᾶσα	πᾶν
	속	παντός	πάσης	παντός
	여	παντί	πάσῃ	παντί
	대	πάντα	πᾶσαν	πᾶν
	호	πᾶς	πᾶσα	πᾶν
복	주	πάντες	πᾶσαι	πάντα
	속	πάντων	πασῶν	πάντων
	여	πᾶσι(ν)	πάσαις	πᾶσι(ν)
	대	πάντας	πάσας	πάντα
	호	πάντες	πᾶσαι	πάντα

		남	여	중
단	주	μέλας	μέλαινα	μέλαν
	속	μέλαινος	μελαίνης	μέλαινος
	여	μέλανι	μελαίνῃ	μέλανι
	대	μέλανα	μέλαιναν	μέλαν
	호	μέλαν	μέλαινα	μέλαν
복	주	μέλανες	μέλαιναι	μέλανα
	속	μελάνων	μελαινῶν	μελάνων
	여	μέλασι(ν)	μελαίναις	μέλασι(ν)
	대	μέλανας	μελαίνας	μέλανα
	호	μέλανες	μέλαιναι	μέλανα

§12. 불규칙 형용사

		남	여	중
단	주	μέγας	μεγάλη	μέγα
	속	μεγάλου	μεγάλης	μεγάλου
	여	μεγάλῳ	μεγάλῃ	μεγάλῳ
	대	μέγαν	μεγάλην	μέγα
	호	μεγάλε	μεγάλη	μέγα
복	주	μεγάλοι	μεγάλαι	μεγάλα
	속	μεγάλων	μεγάλων	μεγάλων
	여	μεγάλοις	μεγάλαις	μεγάλοις
	대	μεγάλους	μεγάλας	μεγάλα
	호	μεγάλοι	μεγάλαι	μεγάλα

		남	여	중
단	주	πολύς	πολλή	πολύ
	속	πολλοῦ	πολλῆς	πολλοῦ
	여	πολλῷ	πολλῇ	πολλῷ
	대	πολύν	πολλήν	πολύ
복	주	πολλοί	πολλαί	πολλά
	속	πολλῶν	πολλῶν	πολλῶν
	여	πολλοῖς	πολλαῖς	πολλοῖς
	대	πολλούς	πολλάς	πολλά

*위 두 형용사는 남성과 중성의 단수 주격과 대격의 경우에만 제3변화 명사처럼, 나머지는 제1/2변화 명사처럼 변화한다.

§13. εἰμί의 분사

		남	여	중
• 현재 능동태 분사				
단	주	ὤν	οὖσα	ὄν
	속	ὄντος	οὔσης	ὄντος
	여	ὄντι	οὔσῃ	ὄντι
	대	ὄντα	οὖσαν	ὄν
복	주	ὄντες	οὖσαι	ὄντα
	속	ὄντων	οὐσῶν	ὄντων
	여	οὖσι(ν)	οὔσαις	οὖσι(ν)
	대	ὄντας	οὔσας	ὄντα
• 미래 중간태 분사				
단	주	ἐσόμενος	ἐσομένη	ἐσόμενον
	속	ἐσομένου	ἐσομένης	ἐσομένου
	여	ἐσομένῳ	ἐσομένῃ	ἐσομένῳ
	대	ἐσόμενον	ἐσομένην	ἐσόμενον
복	주	ἐσόμενοι	ἐσόμεναι	ἐσόμενα
	속	ἐσομένων	ἐσομένων	ἐσομένων
	여	ἐσομένοις	ἐσομέναις	ἐσομένοις
	대	ἐσομένους	ἐσομένας	ἐσόμενα

§14. λύω의 능동태 분사

		남	여	중
• 현재				
단	주	λύων	λύουσα	λῦον
	속	λύοντος	λυούσης	λύοντος
	여	λύοντι	λυούσῃ	λύοντι
	대	λύοντα	λύουσαν	λῦον
복	주	λύοντες	λύουσαι	λύοντα
	속	λυόντων	λυουσῶν	λυόντων
	여	λύουσι(ν)	λυούσαις	λύουσι(ν)
	대	λύοντας	λυούσας	λύοντα
• 미래				
단	주	λύσων	λύσουσα	λῦσον
	속	λύσοντος	λυσούσης	λύσοντος
	여	λύσοντι	λυσούσῃ	λύσοντι
	대	λύσοντα	λύσουσαν	λῦσον
복	주	λύσοντες	λύσουσαι	λύσοντα
	속	λυσόντων	λυσουσῶν	λυσόντων
	여	λύσουσι(ν)	λυσούσαις	λύσουσι(ν)
	대	λύσοντας	λυσούσας	λύσοντα
• 단순과거				
단	주	λύσας	λύσασα	λῦσαν
	속	λύσαντος	λυσάσης	λύσαντος
	여	λύσαντι	λυσάσῃ	λύσαντι
	대	λύσαντα	λύσασαν	λῦσαν
복	주	λύσαντες	λύσασαι	λύσαντα
	속	λυσάντων	λυσασῶν	λυσάντων
	여	λύσασι(ν)	λυσάσαις	λύσασι(ν)
	대	λύσαντας	λυσάσας	λύσαντα
• 현재완료				
단	주	λελυκώς	λελυκυῖα	λελυκός
	속	λελυκότος	λελυκυίας	λελυκότος
	여	λελυκότι	λελυκυίᾳ	λελυκότι
	대	λελυκότα	λελυκυῖαν	λελυκός
복	주	λελυκότες	λελυκυῖαι	λελυκότα
	속	λελυκότων	λελυκυιῶν	λελυκότων
	여	λελυκόσι(ν)	λελυκυίαις	λελυκόσι(ν)
	대	λελυκότας	λελυκυίας	λελυκότα

§15. λύω의 중간태 분사

		남	여	중
• 현재				
단	주	λυόμενος	λυομένη	λυόμενον
	속	λυομένου	λυομένης	λυομένου
	여	λυομένῳ	λυομένῃ	λυομένῳ
	대	λυόμενον	λυομένην	λυόμενον
복	주	λυόμενοι	λυόμεναι	λυόμενα
	속	λυομένων	λυομένων	λυομένων
	여	λυομένοις	λυομέναις	λυομένοις
	대	λυομένους	λυομένας	λυόμενα
• 미래				
단	주	λυσόμενος	λυσομένη	λυσόμενον
	속	λυσομένου	λυσομένης	λυσομένου
	여	λυσομένῳ	λυσομένῃ	λυσομένῳ
	대	λυσόμενον	λυσομένην	λυσόμενον
복	주	λυσόμενοι	λυσόμεναι	λυσόμενα
	속	λυσομένων	λυσομένων	λυσομένων
	여	λυσομένοις	λυσομέναις	λυσομένοις
	대	λυσομένους	λυσομένας	λυσόμενα
• 단순과거				
단	주	λυσάμενος	λυσαμένη	λυσάμενον
	속	λυσαμένου	λυσαμένης	λυσαμένου
	여	λυσαμένῳ	λυσαμένῃ	λυσαμένῳ
	대	λυσάμενον	λυσαμένην	λυσάμενον
복	주	λυσάμενοι	λυσάμεναι	λυσάμενα
	속	λυσαμένων	λυσαμένων	λυσαμένων
	여	λυσαμένοις	λυσαμέναις	λυσαμένοις
	대	λυσαμένους	λυσαμένας	λυσάμενα
• 현재완료				
단	주	λελυμένος	λελυμένη	λελυμένον
	속	λελυμένου	λελυμένης	λελυμένου
	여	λελυμένῳ	λελυμένῃ	λελυμένῳ
	대	λελυμένον	λελυμένην	λελυμένον
복	주	λελυμένοι	λελυμέναι	λελυμένα
	속	λελυμένων	λελυμένων	λελυμένων
	여	λελυμένοις	λελυμέναις	λελυμένοις
	대	λελυμένους	λελυμένας	λελυμένα

§16. λύω의 수동태 분사

		남	여	중
• 현재				
단	주	λυόμενος	λυομένη	λυόμενον
	속	λυομένου	λυομένης	λυομένου
	여	λυομένῳ	λυομένῃ	λυομένῳ
	대	λυόμενον	λυομένην	λυόμενον
복	주	λυόμενοι	λυόμεναι	λυόμενα
	속	λυομένων	λυομένων	λυομένων
	여	λυομένοις	λυομέναις	λυομένοις
	대	λυομένους	λυομένας	λυόμενα
• 미래				
단	주	λυθησόμενος	λυθησομένη	λυθησόμενον
	속	λυθησομένου	λυθησομένης	λυθησομένου
	여	λυθησομένῳ	λυθησομένῃ	λυθησομένῳ
	대	λυθησόμενον	λυθησομένην	λυθησόμενον
복	주	λυθησόμενοι	λυθησόμεναι	λυθησόμενα
	속	λυθησομένων	λυθησομένων	λυθησομένων
	여	λυθησομένοις	λυθησομέναις	λυθησομένοις
	대	λυθησομένους	λυθησομένας	λυθησόμενα
• 단순과거				
단	주	λυθείς	λυθεῖσα	λυθέν
	속	λυθέντος	λυθείσης	λυθέντος
	여	λυθένθι	λυθείσῃ	λυθέντι
	대	λυθέντα	λυθεῖσαν	λυθέν
복	주	λυθέντες	λυθεῖσαι	λυθέντα
	속	λυθέντων	λυθεισῶν	λυθέντων
	여	λυθεῖσι(ν)	λυθείσαις	λυθεῖσι(ν)
	대	λυθέντας	λυθείσας	λυθέντα
• 현재완료				
단	주	λελυμένος	λελυμένη	λελυμένον
	속	λελυμένου	λελυμένης	λελυμένου
	여	λελυμένῳ	λελυμένῃ	λελυμένῳ
	대	λελυμένον	λελυμένην	λελυμένον
복	주	λελυμένοι	λελυμέναι	λελυμένα
	속	λελυμένων	λελυμένων	λελυμένων
	여	λελυμένοις	λελυμέναις	λελυμένοις
	대	λελυμένους	λελυμένας	λελυμένα

제3부
대명사 · 수사 변화

§17. 인칭대명사

		1인칭	2인칭	3인칭		
				남	여	중
단	주	ἐγώ	σύ	αὐτός	αὐτή	αὐτό
	속	ἐμοῦ, μου	σοῦ, σου	αὐτοῦ	αὐτῆς	αὐτοῦ
	여	ἐμοί, μοι	σοί, σοι	αὐτῷ	αὐτῇ	αὐτῷ
	대	ἐμέ, με	σέ, σε	αὐτόν	αὐτήν	αὐτό
복	주	ἡμεῖς	ὑμεῖς	αὐτοί	αὐταί	αὐτά
	속	ἡμῶν	ὑμῶν	αὐτῶν	αὐτῶν	αὐτῶν
	여	ἡμῖν	ὑμῖν	αὐτοῖς	αὐταῖς	αὐτοῖς
	대	ἡμᾶς	ὑμᾶς	αὐτούς	αὐτάς	αὐτά

§18. 지시대명사

		남	여	중	남	여	중
단	주	οὗτος	αὕτη	τοῦτο	ἐκεῖνος	ἐκείνη	ἐκεῖνο
	속	τούτου	ταύτης	τούτου	ἐκείνου	ἐκείνης	ἐκείνου
	여	τούτῳ	ταύτῃ	τούτῳ	ἐκείνῳ	ἐκείνῃ	ἐκείνῳ
	대	τοῦτον	ταύτην	τοῦτο	ἐκεῖνον	ἐκείνην	ἐκεῖνο
복	주	οὗτοι	αὗται	ταῦτα	ἐκεῖνοι	ἐκεῖναι	ἐκεῖνα
	속	τούτων	τούτων	τούτων	ἐκείνων	ἐκείνων	ἐκείνων
	여	τούτοις	ταύταις	τούτοις	ἐκείνοις	ἐκείναις	ἐκείνοις
	대	τούτους	ταύτας	ταῦτα	ἐκείνους	ἐκείνας	ἐκεῖνα

		남	여	중			남	여	중
단	주	ὅδε	ἥδε	τόδε	복	주	οἵδε	αἵδε	τάδε
	속	τοῦδε	τῆσδε	τοῦδε		속	τῶνδε	τῶνδε	τῶνδε
	여	τῷδε	τῇδε	τῷδε		여	τοῖσδε	ταῖσδε	τοῖσδε
	대	τόνδε	τήνδε	τόδε		대	τούσδε	τάσδε	τάδε

*ὅδε는 관사에 δέ가 붙은 지시대명사이다.

§19. 소유대명사

	1인칭			2인칭		
단	ἐμός	ἐμή	ἐμόν	σός	σή	σόν
복	ἡμέτερος	ἡμέτερα	ἡμέτερον	ὑμέτερος	ὑμέτερα	ὑμέτερον

*소유대명사는 제1/2변화 형용사처럼 변화한다.

§20. 관계대명사와 부정不定관계대명사

		남	여	중	남	여	중
단	주	ὅς	ἥ	ὅ	ὅστις	ἥτις	ὅ τι
	속	οὗ	ἧς	οὗ	οὗτινος	ἧστινος	οὗτινος
	여	ᾧ	ᾗ	ᾧ	ᾧτινι	ᾗτινι	ᾧτινι
	대	ὅν	ἥν	ὅ	ὅντινα	ἥντινα	ὅ τι
복	주	οἵ	αἵ	ἅ	οἵτινες	αἵτινες	ἅτινα
	속	ὧν	ὧν	ὧν	ὧντινων	ὧντινων	ὧντινων
	여	οἷς	αἷς	οἷς	οἷστισι(ν)	αἷστισι(ν)	οἷστισι(ν)
	대	οὕς	ἅς	ἅ	οὕστινας	ἅστινας	ἅτινα

§21. 의문대명사와 부정不定대명사

		남/여	중	남/여	중
단	주	τίς	τί	τις	τι
	속	τίνος	τίνος	τινός	τινός
	여	τίνι	τίνι	τινί	τινί
	대	τίνα	τί	τινά	τι
복	주	τίνες	τίνα	τινές	τινά
	속	τίνων	τίνων	τινῶν	τινῶν
	여	τίσι(ν)	τίσι(ν)	τισί(ν)	τισί(ν)
	대	τίνας	τίνα	τινάς	τινά

§22. 재귀대명사

		1인칭 남	1인칭 여	2인칭 남	2인칭 여
단	속	*ἐμαυτοῦ*	*ἐμαυτῆς*	*σεαυτοῦ*	*σεαυτῆς*
	여	*ἐμαυτῷ*	*ἐμαυτῇ*	*σεαυτῷ*	*σεαυτῇ*
	대	*ἐμαυτόν*	*ἐμαυτήν*	*σεαυτόν*	*σεαυτήν*
복	속	*ἑαυτῶν*	*ἑαυτῶν*	*ἑαυτῶν*	*ἑαυτῶν*
	여	*ἑαυτοῖς*	*ἑαυταῖς*	*ἑαυτοῖς*	*ἑαυταῖς*
	대	*ἑαυτούς*	*ἑαυτάς*	*ἑαυτούς*	*ἑαυτάς*

		3인칭 남	여	중
단	속	*ἑαυτοῦ*	*ἑαυτῆς*	*ἑαυτοῦ*
	여	*ἑαυτῷ*	*ἑαυτῇ*	*ἑαυτῷ*
	대	*ἑαυτόν*	*ἑαυτήν*	*ἑαυτό*
복	속	*ἑαυτῶν*	*ἑαυτῶν*	*ἑαυτῶν*
	여	*ἑαυτοῖς*	*ἑαυταῖς*	*ἑαυτοῖς*
	대	*ἑαυτούς*	*ἑαυτάς*	*ἑαυτά*

§23. 상호대명사

		남	여	중
단	속	*ἀλλήλων*	*ἀλλήλων*	*ἀλλήλων*
	여	*ἀλλήλοις*	*ἀλλήλαις*	*ἀλλήλοις*
	대	*ἀλλήλους*	*ἀλλήλας*	*ἄλληλα*

§24. 수사

		남	여	중
단	주	εἷς	μία	ἕν
	속	ἑνός	μιᾶς	ἑνός
	여	ἑνί	μιᾷ	ἑνί
	대	ἕνα	μίαν	ἕν

(비교)

단	주	οὐδείς	οὐδεμία	οὐδέν
	속	οὐδενός	οὐδεμιᾶς	οὐδενός
	여	οὐδενί	οὐδεμιᾷ	οὐδενί
	대	οὐδένα	οὐδεμίαν	οὐδέν

		남/여/중	남/여	중
복	주	δύο	τρεῖς	τρία
	속	δύο	τριῶν	τριῶν
	여	δυσι(ν)	τρισί(ν)	τρισί(ν)
	대	δύο	τρεῖς	τρία

		남/여	중
복	주	τέσσαρες	τέσσαρα
	속	τεσσάρων	τεσσάρων
	여	τέσσαρσι(ν)	τέσσαρσι(ν)
	대	τέσσαρας	τέσσαρα

§25. 기수와 서수, 수사의 부사형

	표시	기수	서수	부사형
1	α´	εἷς, μία, ἕν	πρῶτος	ἅπαξ
2	β´	δύο	δεύτερος	δίς
3	γ´	τρεῖς, τρία	τρίτος	τρίς
4	δ´	τέσσαρες, τέσσαρα	τέταρτος	τετράκις
5	ε´	πέντε	πέμπτος	πεντάκις
6	ς´	ἕξ	ἕκτος	ἑξάκις
7	ζ´	ἑπτά	ἕβδομος	ἑπτάκις
8	η´	ὀκτώ	ὄγδοος	ὀκτάκις

9	θ΄	ἐννέα	ἔνατος	ἐνάκις
10	ι΄	δέκα	δέκατος	δεκάκις
11	ια΄	ἕνδεκα	ἑνδέκατος	ἑνδεκάκις
12	ιβ΄	δώδεκα	δωδέκατος	δωδεκάκις
13	ιγ΄	τρεῖς καὶ δέκα	τρίτος καὶ δέκατος	
14	ιδ΄	τέσσαρες καὶ δέκα	τέταρτος καὶ δέκατος	
15	ιε΄	πεντεκαίδεκα	πέμπτος καὶ δέκατος	
16	ις΄	ἑκκαίδεκα	ἕκτος καὶ δέκατος	
17	ιζ΄	ἑπτακαίδεκα	ἕβδομος καὶ δέκατος	
18	ιη΄	ὀκτωκαίδεκα	ὄγδοος καὶ δέκατος	
19	ιθ΄	ἐννεακαίδεκα	ἔνατος καὶ δέκατος	
20	κ΄	εἴκοσι(ν)	εἰκοστός	εἰκοσάκις
21	κα΄	εἷς (καὶ) εἴκοσι(ν) εἴκοσι (καὶ) εἷς	πρῶτος καὶ εἰκοστός	
30	λ΄	τριάκοντα	τριακοστός	τριακοντάκις
40	μ΄	τεσσαράκοντα	τεσσαρακοστός	τεσσαρακοντάκις
50	ν΄	πεντήκοντα	πεντηκοστός	πεντηκοντάκις
60	ξ΄	ἑξήκοντα	ἑξηκοστός	ἑξηκοντάκις
70	ο΄	ἑβδομήκοντα	ἑβδομηκοστός	ἑβδομηκοντάκις
80	π΄	ὀγδοήκοντα	ὀγδοηκοστός	ὀγδοηκοντάκις
90	ϙ΄	ἐνενήκοντα	ἐνενηκοστός	ἐνενηκοντάκις
100	ρ΄	ἑκατόν	ἑκατοστός	ἑκατοντάκις
200	σ΄	διακόσιοι,αι,α	διακοσιοστός	διακοσιάκις
300	τ΄	τριακόσιοι,αι,α	τριακοσιοστός	
400	υ΄	τετρακόσιοι,αι,α	τετρακοσιοστός	
500	φ΄	πεντακόσιοι,αι,α	πεντακοσιοστός	
600	χ΄	ἑξακόσιοι,αι,α	ἑξακοσιοστός	
700	ψ΄	ἑπτακόσιοι,αι,α	ἑπτακοσιοστός	
800	ω΄	ὀκτακόσιοι,αι,α	ὀκτακοσιοστός	
900	ϡ΄	ἐνακόσιοι,αι,α	ἐνακοσιοστός	
1,000	͵α	χίλιοι,αι,α	χιλιοστός	χιλιάκις
2,000	͵β	δισχίλιοι,αι,α	δισχιλιοστός	
3,000	͵γ	τρισχίλιοι,αι,α	τρισχιλιοστός	
10,000	͵ι	μύριοι,αι,α	μυριοστός	μυριάκις
20,000	͵κ	δισμύριοι		
1,000,000	͵ρ	δεκακισμύριοι		

제4부
동사 변화

§26. λύω의 능동태

	현재	미완	미래	단과	현완	과완
• 직설법						
단 1	λύω	ἔλυον	λύσω	ἔλυσα	λέλυκα	ἐλελύκη
2	λύεις	ἔλυες	λύσεις	ἔλυσας	λέλυκας	ἐλελύκης
3	λύει	ἔλυε(ν)	λύσει	ἔλυσε(ν)	λέλυκε(ν)	ἐλελύκει
복 1	λύομεν	ἐλύομεν	λύσομεν	ἐλύσαμεν	λελύκαμεν	ἐλελύκεμεν
2	λύετε	ἐλύετε	λύσετε	ἐλύσατε	λελύκατε	ἐλελύκετε
3	λύουσι(ν)	ἔλυον	λύσουσι(ν)	ἔλυσαν	λελύκασι(ν)	ἐλελύκεσαν
• 접속법						
단 1	λύω			λύσω	λελύκω	
2	λύῃς			λύσῃς	λελύκῃς	
3	λύῃ			λύσῃ	λελύκῃ	
복 1	λύωμεν			λύσωμεν	λελύκωμεν	
2	λύητε			λύσητε	λελύκητε	
3	λύωσι(ν)			λύσωσι(ν)	λελύκωσι(ν)	
• 희구법						
단 1	λύοιμι		λύσοιμι	λύσαιμι	λελύκοιμι	
2	λύοις		λύσοις	λύσαις	λελύκοις	
3	λύοι		λύσοι	λύσαι	λελύκοι	
복 1	λύοιμεν		λύσοιμεν	λύσαιμεν	λελύκοιμεν	
2	λύοιτε		λύσοιτε	λύσαιτε	λελύκοιτε	
3	λύοιε(ν)		λύσοιε(ν)	λύσαιε(ν)	λελύκοιε(ν)	
• 명령법						
단 2	λῦε			λῦσον	λέλυκε	
3	λυέτω			λυσάτω	λελυκέτω	
복 2	λύετε			λύσατε	λελύκετε	
3	λυόντων			λυσάντων	λελυκέτωσαν	
	λυέτωσαν			λυσάτωσαν		
• 부정사						
	λύειν		λύσειν	λῦσαι	λελυκέναι	
• 분사						
	λύων/-ουσα/-ον		λύσων /-ουσα/-ον	λύσας /-σα/-ν	λελυκώς/-υῖα/-ός	

§27. λύω의 중간태

	현재	미완	미래	단과	현완	과완
• 직설법						
단 1	λύομαι	ἐλυόμην	λύσομαι	ἐλυσάμην	λέλυμαι	ἐλελύμην
2	λύει/λύῃ	ἐλύου	λύσει/λύσῃ	ἐλύσω	λέλυσαι	ἐλέλυσο
3	λύεται	ἐλύετο	λύσεται	ἐλύσατο	λέλυται	ἐλέλυτο
복 1	λυόμεθα	ἐλυόμεθα	λυσόμεθα	ἐλυσάμεθα	λελύμεθα	ἐλελύμεθα
2	λύεσθε	ἐλύεσθε	λύσεσθε	ἐλύσασθε	λέλυσθε	ἐλέλυσθε
3	λύονται	ἐλύοντο	λύσονται	ἐλύσαντο	λέλυνται	ἐλέλυντο
• 접속법						
단 1	λύωμαι			λύσωμαι	λελυμένος ὦ	
2	λύῃ			λύσῃ	λελυμένος ᾖς	
3	λύηται			λύσηται	λελυμένος ᾖ	
복 1	λυώμεθα			λυσώμεθα	λελυμένοι ὦμεν	
2	λύησθε			λύσησθε	λελυμένοι ἦτε	
3	λύωνται			λύσωνται	λελυμένοι ὦσι	
• 희구법						
단 1	λυοίμην		λυσοίμην	λυσαίμην	λελυμένος εἴην	
2	λύοιο		λύσοιο	λύσαιο	λελυμένος εἴης	
3	λύοιτο		λύσοιτο	λύσαιτο	λελυμένος εἴη	
복 1	λυοίμεθα		λυσοίμεθα	λυσαίμεθα	λελυμένοι εἶμεν	
2	λύοισθε		λύσοισθε	λύσαισθε	λελυμένοι εἶτε	
3	λύοιντο		λύσοιντο	λύσαιντο	λελυμένοι εἶεν	
• 명령법						
단 2	λύου			λῦσαι	λέλυσο	
3	λυέσθω			λυσάσθω	λελύσθω	
복 2	λύεσθε			λύσασθε	λελύσθε	
3	λυέσθων			λυσάσθων	λελύσθων	
	λυέθωσαν			λυσάσθωσαν	λελύσθωσαν	
• 부정사						
	λύεσθαι		λύσεσθαι	λύσασθαι	λελύσθαι	
• 분사						
	λυόμενο/-η/-ον		λυσόμενος /-η/-ον	λυσάμενος /-η/-ον	λελυμένος/-η/-ον	

§28. λύω의 수동태

	현재	미완	미래	단과	현완	과완
• 직설법						
단 1	λύομαι	ἐλυόμην	λυθήσομαι	ἐλύθην	λέλυμαι	ἐλελύμην
2	λύει/λύῃ	ἐλύου	λυθήσει /λυθήσῃ	ἐλύθης	λέλυσαι	ἐλέλυσο
3	λύεται	ἐλύετο	λυθήσεται	ἐλύθη	λέλυται	ἐλέλυτο
복 1	λυόμεθα	ἐλυόμεθα	λυθησόμενθα	ἐλύθημεν	λελύμεθα	ἐλελύμεθα
2	λύεσθε	ἐλύεσθε	λυθήσεσθε	ἐλύθητε	λέλυσθε	ἐλέλυσθε
3	λύονται	ἐλύοντο	λυθήσονται	ἐλύθησαν	λέλυνται	ἐλέλυντο
• 접속법						
단 1	λύωμαι			λυθῶ	λελυμένος ὦ	
2	λύῃ			λυθῇς	λελυμένος ᾖς	
3	λύηται			λυθῇ	λελυμένος ᾖ	
복 1	λυώμεθα			λυθῶμεν	λελυμένοι ὦμεν	
2	λύησθε			λυθῆτε	λελυμένοι ἦτε	
3	λύωνται			λυθῶσι(ν)	λελυμένοι ὦσι	
• 희구법						
단 1	λυοίμην		λυθησοίμην	λυθείην	λελυμένος εἴην	
2	λύοιο		λυθήσοιο	λυθείης	λελυμένος εἴης	
3	λύοιτο		λυθήσοιτο	λυθείη	λελυμένοι εἴη	
복 1	λυοίμεθα		λυθησοίμεθα	λυθείημεν	λελυμένοι εἶμεν	
2	λύοισθε		λυθήσοισθε	λυθείητε	λελυμένοι εἶτε	
3	λύοιντο		λυθήσοιντο	λυθείησαν	λελυμένοι εἶεν	
• 명령법						
단 2	λύου			λύθητι	λέλυσο	
3	λυέσθω			λυθήτω	λελύσθω	
복 2	λύεσθε			λύθητε	λέλυσθε	
3	λυέσθων λυέσθωσαν			λυθέντων λυθήτωσαν	λελύσθων λελύσθωσαν	
• 부정사						
	λύεσθαι		λυθήσεσθαι	λυθῆναι	λελύσθαι	
• 분사						
	λυόμενος/-η/-ον		λυθησόμενος /-η/-ον	λυθείς /-σα/-εν	λελυμένος/-η/-ον	

§29. εἰμί, εἶμι

		현재	미완	미래	현재	미완
• 직설법						
단	1	εἰμί	ἤμην/ἦν	ἔσομαι	εἶμι	ᾖειν/ᾖα
	2	εἶ	ἦς/ἦσθαι	ἔσῃ/ἔσει	εἶ	ᾔεις
	3	ἐστί(ν)	ἦν	ἔσται	εἶσι(ν)	ᾔει
복	1	ἐσμέν	ἦμεν/ἤμεθα	ἐσόμεθα	ἴμεν	ᾖμεν
	2	ἐστέ	ἦτε	ἔσεσθε	ἴτε	ᾖτε
	3	εἰσί(ν)	ἦσαν	ἔσονται	ἴασί(ν)	ᾖσαν/ᾔεσαν
• 접속법						
단	1	ὦ			ἴω	
	2	ᾖς			ἴῃς	
	3	ᾖ			ἴῃ	
복	1	ὦμεν			ἴωμεν	
	2	ἦτε			ἴητε	
	3	ὦσι(ν)			ἴωσι(ν)	
• 희구법						
단	1	εἴην		ἐσοίμην	ἴοιμι	
	2	εἴης		ἔσοιο	ἴοις	
	3	εἴη		ἔσοιτο	ἴοι	
복	1	εἶμεν		ἐσοίμεθα	ἴοιμεν	
	2	εἶτε		ἔσοισθε	ἴοιτε	
	3	εἶεν		ἔσοιντο	ἴοιεν	
• 명령법						
단	2	ἴσθι			ἴθι	
	3	ἔστω			ἴτω	
복	2	ἔστε			ἴτε	
	3	ἔστων			ἰόντων	
		ἔστωσαν			ἴτωσαν	
• 부정사						
		εἶναι		ἔσεσθαι	ἰέναι	
• 분사						
		ὤν/οὖσα/ὄν		ἐσόμενος /-η/-ον	ἰών/ἰοῦσα/ἰόν	

§30. -α 단축동사 ἀγαπάω

	현재(능)	미완(능)	현재(중/수)	미완(중/수)
• 직설법				
단 1	ἀγαπῶ	ἠγάπων	ἀγαπῶμαι	ἠγαπώμην
2	ἀγαπᾷς	ἠγάπας	ἀγαπᾷ	ἠγαπῶ
3	ἀγαπᾷ	ἠγάπα	ἀγαπᾶται	ἠγαπᾶτο
복 1	ἀγαπῶμεν	ἠγαπῶμεν	ἀγαπώμεθα	ἠγαπώμεθα
2	ἀγαπᾶτε	ἠγαπᾶτε	ἀγαπᾶσθε	ἠγαπᾶσθε
3	ἀγαπῶσι(ν)	ἠγάπων	ἀγαπῶνται	ἠγαπῶντο
• 접속법				
단 1	ἀγαπῶ		ἀγαπῶμαι	
2	ἀγαπᾷς		ἀγαπᾷ	
3	ἀγαπᾷ		ἀγαπᾶται	
복 1	ἀγαπῶμεν		ἀγαπώμεθα	
2	ἀγαπᾶτε		ἀγαπᾶσθε	
3	ἀγαπῶσι(ν)		ἀγαπῶνται	
• 희구법				
단 1	ἀγαπῷμι		ἀγαπῴμην	
2	ἀγαπῷς		ἀγαπῷο	
3	ἀγαπῷ		ἀγαπῷτο	
복 1	ἀγαπῷμεν		ἀγαπῴμεθα	
2	ἀγαπῷτε		ἀγαπῷσθε	
3	ἀγαπῷεν		ἀγαπῷντο	
• 명령법				
단 2	ἀγάπα		ἀγαπῶ	
3	ἀγαπάτω		ἀγαπάσθω	
복 2	ἀγαπᾶτε		ἀγαπᾶσθε	
3	ἀγαπώντων		ἀγαπάσθων	
	ἀγαπάτωσαν		ἀγαπάσθωσαν	
• 부정사				
	ἀγαπᾶν		ἀγαπᾶσθαι	
• 분사				
	ἀγαπῶν/-ῶσα/-ῶν		ἀγαπώμενος/-η/-ον	

§31. -ϵ 단축동사 ποιέω

		현재(능)	미완(능)	현재(중/수)	미완(중/수)
• 직설법					
단	1	ποιῶ	ἐποίουν	ποιοῦμαι	ἐποιούμην
	2	ποιεῖς	ἐποίεις	ποιεῖ/ποιῇ	ἐποιοῦ
	3	ποιεῖ	ἐποίει	ποιεῖται	ἐποιεῖτο
복	1	ποιοῦμεν	ἐποιοῦμεν	ποιούμεθα	ἐποιούμεθα
	2	ποιεῖτε	ἐποιεῖτε	ποιεῖσθε	ἐποιεῖσθε
	3	ποιοῦσι(ν)	ἐποίουν	ποιοῦνται	ἐποιοῦντο
• 접속법					
단	1	ποιῶ		ποιῶμαι	
	2	ποιῇς		ποιῇ	
	3	ποιῇ		ποιῆται	
복	1	ποιῶμεν		ποιώμεθα	
	2	ποιῆτε		ποιῆσθε	
	3	ποιῶσι(ν)		ποιῶνται	
• 희구법					
단	1	ποιοῖμι		ποιοίμην	
	2	ποιοῖς		ποιοῖο	
	3	ποιοῖ		ποιοῖτο	
복	1	ποιοῖμεν		ποιοίμεθα	
	2	ποιοῖτε		ποιοῖσθε	
	3	ποιοῖεν		ποιοῖντο	
• 명령법					
단	2	ποίει		ποιοῦ	
	3	ποιείτω		ποιείσθω	
복	2	ποιεῖτε		ποιεῖσθε	
	3	ποιούντων		ποιείσθων	
		ποιείτωσαν		ποιείσθωσαν	
• 부정사					
		ποιεῖν		ποιεῖσθαι	
• 분사					
		ποιῶν/-οῦσα/-οῦν		ποιούμενος/η/ον	

§32. *-ο* 단축동사 *πληρόω*

		현재(능)	미완(능)	현재(중/수)	미완(중/수)
• 직설법					
단	1	πληρῶ	ἐπλήρουν	πληροῦμαι	ἐπληρούμην
	2	πληροῖς	ἐπλήρους	πληροῖ	ἐπληροῦ
	3	πληροῖ	ἐπλήρου	πληροῦται	ἐπληροῦτο
복	1	πληροῦμεν	ἐπληροῦμεν	πληρούμεθα	ἐπληρούμεθα
	2	πληροῦτε	ἐπληροῦτε	πληροῦσθε	ἐπληροῦσθε
	3	πληροῦσι(ν)	ἐπλήρουν	πληροῦνται	ἐπληροῦντο
• 접속법					
단	1	πληρῶ		πληρῶμαι	
	2	πληροῖς		πληροῖ	
	3	πληροῖ		πληρῶται	
복	1	πληρῶμεν		πληρώμεθα	
	2	πληρῶτε		πληρῶσθε	
	3	πληρῶσι(ν)		πληρῶνται	
• 희구법					
단	1	πληροῖμι		πληροίμην	
	2	πληροῖς		πληροῖο	
	3	πληροῖ		πληροῖτο	
복	1	πληροῖμεν		πληροίμεθα	
	2	πληροῖτε		πληροῖσθε	
	3	πληροῖεν		πληροῖντο	
• 명령법					
단	2	πλήρου		πληροῦ	
	3	πληρούτω		πληρούσθω	
복	2	πληροῦτε		πληροῦσθε	
	3	πληούντων		πληρούσθων	
		πληρούτωσαν		πληρούσθωσαν	
• 부정사					
		πληροῦν		πληροῦσθαι	
• 분사					
		πληρῶν/-οῦσα/-οῦν		πληρούμενος/η/-ον	

§33. δίδωμι

	현재(능)	미완(능)	단과(능)	현재(중/수)	미완(중/수)	단과(중/수)
• 직설법						
단 1	δίδωμι	ἐδίδουν	ἔδωκα	δίδομαι	ἐδιδόμην	ἐδόμην
2	δίδως	ἐδίδους	ἔδωκας	δίδοσαι	ἐδίδοσο	ἔδου
3	δίδωσι(ν)	ἐδίδου	ἔδωκε(ν)	δίδοται	ἐδίδοτο	ἔδοτο
복 1	δίδομεν	ἐδίδομεν	ἐδώκαμεν	διδόμεθα	ἐδιδόμεθα	ἐδόμεθα
2	δίδοτε	ἐδίδοτε	ἐδώκατε	δίδοσθε	ἐδίδοσθε	ἔδοσθε
3	διδόασι(ν)	ἐδίδοσαν	ἔδωκαν	δίδονται	ἐδίδοντο	ἔδοντο
• 접속법						
단 1	διδῶ		δῶ	διδῶμαι		δῶμαι
2	διδῷς		δῷς	διδῷ		δῷ
3	διδῷ		δῷ	διδῶται		δῶται
복 1	διδῶμεν		δῶμεν	διδώμεθα		δώμεθα
2	διδῶτε		δῶτε	διδῶσθε		δῶσθε
3	διδῶσι(ν)		δῶσι(ν)	διδῶνται		δῶνται
• 희구법						
단 1	διδοίην		δοίην	διδοίμην		δοίμην
2	διδοίης		δοίης	διδοῖο		δοῖο
3	διδοίη		δοίη	διδοῖτο		δοῖτο
복 1	διδοῖμεν		δοῖμεν	διδοίμεθα		δοίμεθα
2	διδοῖτε		δοῖτε	διδοῖσθε		δοῖσθε
3	διδοῖεν		δοῖεν	διδοῖντο		δοῖντο
• 명령법						
단 2	δίδου		δός	δίδοσο		δοῦ
3	διδότω		δότω	διδόσθω		δόσθω
복 2	δίδοτε		δότε	δίδοσθε		δόσθε
3	διδόντων		δόντων	διδόσθων		δόσθων
	διδότωσαν		δότωσαν	διδόσθωσαν		δόσθωσαν
• 부정사						
	διδόναι		δοῦναι	δίδοσθαι		δόσθαι
• 분사						
	διδούς/-δοῦσα/-δόν		δούς /δοῦσα/δόν	διδόμενος/-η/-ον		δόμενος /-η/-ον

§34. ἵστημι의 능동태

	현재	미완	2단과	1단과	현완	과완
• 직설법						
단 1	ἵστημι	ἵστην	ἔστην	ἔστησα	ἕστηκα	εἱστήκη
2	ἵστης	ἵστης	ἔστης	ἔστησας	ἕστηκας	εἱστήκης
3	ἵστησι(ν)	ἵστη	ἔστη	ἔστησε(ν)	ἕστηκε(ν)	εἱστήκει
복 1	ἵσταμεν	ἵσταμεν	ἔστημεν	ἐστήσαμεν	ἑστήκαμεν	ἕσταμεν
2	ἵστατε	ἵστατε	ἔστητε	ἐστήσατε	ἑστήκατε	ἕστατε
3	ἱστᾶσι(ν)	ἵστασαν	ἔστησαν	ἔστησαν	ἕστηκαν	ἕστασαν
• 접속법						
단 1	ἱστῶ		στῶ		ἑστῶ	
2	ἱστῇς		στῇς		ἑστῇς	
3	ἱστῇ		στῇ		ἑστῇ	
복 1	ἱστῶμεν		στῶμεν		ἑστῶμεν	
2	ἱστῆτε		στῆτε		ἑστῆτε	
3	ἱστῶσι(ν)		στῶσι(ν)		ἑστῶσι(ν)	
• 희구법						
단 1	ἱσταίην		σταίην		ἑσταίην	
2	ἱσταίης		σταίης		ἑσταίης	
3	ἱσταίη		σταίη		ἑσταίη	
복 1	ἱσταῖμεν		σταῖμεν		ἑσταῖμην	
2	ἱσταῖτε		σταῖτε		ἑσταῖτε	
3	ἱσταῖεν		σταῖεν		ἑσταῖεν	
• 명령법						
단 2	ἵστη		στῆθι		ἕσταθι	
3	ἱστάτω		στήτω		ἑστάτω	
복 2	ἵστατε		στῆτε		ἕστατε	
3	ἱστάντων		στάντων		ἑστάντων	
	ἱστάτωσαν		στήτωσαν			
• 부정사						
	ἱστάναι		στῆναι		ἑστάναι	
• 분사						
	ἱστάς/-τᾶσα/-τάν		στάς/στᾶσα/στάν		ἑστώς, ἑστηκώς /-ῶσα/-ός	

§35. ἵστημι의 중간태/수동태

		현재(중/수)	미완(중/수)
• 직설법			
단	1	ἵσταμαι	ἱστάμην
	2	ἵστασαι	ἵστασο
	3	ἵσταται	ἵστατο
복	1	ἱστάμεθα	ἱστάμεθα
	2	ἵστασθε	ἵστασθε
	3	ἵστανται	ἵσταντο
• 접속법			
단	1	ἱστῶμαι	
	2	ἱστῇ	
	3	ἱστῆται	
복	1	ἱστώμεθα	
	2	ἱστῆσθε	
	3	ἱστῶνται	
• 희구법			
단	1	ἱσταίμην	
	2	ἱσταῖο	
	3	ἱσταῖτο	
복	1	ἱσταίμεθα	
	2	ἱσταῖσθε	
	3	ἱσταῖντο	
• 명령법			
단	2	ἵστασο	
	3	ἱστάσθω	
복	2	ἵστασθε	
	3	ἱστάσθων	
		ἱστάσθωσαν	
• 부정사			
		ἵστασθαι	
• 분사			
		ἱστάμενος/-η/-ον	

§36. τίθημι

		현재(능)	미완(능)	단과(능)	현재(중/수)	미완(중/수)	단과(중)
• 직설법							
단	1	τίθημι	ἐτίθην	ἔθηκα	τίθεμαι	ἐτιθέμην	ἐθέμην
	2	τίθης	ἐτίθεις	ἔθηκας	τίθεσαι	ἐτίθεσο	ἔθου
	3	τίθησι(ν)	ἐτίθει	ἔθηκε(ν)	τίθεται	ἐτίθετο	ἔθετο
복	1	τίθεμεν	ἐτίθεμεν	ἐθήκαμεν	τιθέμεθα	ἐτιθέμεθα	ἐθέμεθα
	2	τίθητε	ἐτίθετε	ἐθήκατε	τίθεσθε	ἐτίθεσθε	ἔθεσθε
	3	τιθέασι(ν)	ἐτίθεσαν	ἔθηκαν	τίθενται	ἐτίθεντο	ἔθεντο
• 접속법							
단	1	τιθῶ		θῶ	τιθῶμαι		θῶμαι
	2	τιθῇς		θῇς	τιθῇ		θῇ
	3	τιθῇ		θῇ	τιθῆται		θῆται
복	1	τιθῶμεν		θῶμεν	τιθώμεθα		θώμεθα
	2	τιθῆτε		θῆτε	τιθῆσθε		θῆσθε
	3	τιθῶσι(ν)		θῶσι(ν)	τιθῶνται		θῶνται
• 희구법							
단	1	τιθείην		θείην	τιθείμην		θείμην
	2	τιθείης		θείης	τιθεῖο		θεῖο
	3	τιθείη		θείη	τιθεῖτο		θεῖτο
복	1	τιθεῖμεν		θεῖμεν	τιθείμεθα		θείμεθα
	2	τιθεῖτε		θεῖτε	τιθεῖσθε		θεῖσθε
	3	τιθεῖεν		θεῖεν	τιθεῖντο		θεῖντο
• 명령법							
단	2	τίθει		θές	τίθεσο		θοῦ
	3	τιθέτω		θέτω	τιθέσθω		θέσθω
복	2	τίθετε		θέτε	τίθεσθε		θέσθε
	3	τιθέντων		θέντων	τιθέσθων		θέσθων
		τιθέτωσαν		θέτωσαν	τιθέσθωσαν		θέσθωσαν
• 부정사							
		τιθέναι		θεῖναι	τίθεσθαι		θέσθαι
• 분사							
		τιθείς/θεῖσα/θέν		θείς /θεῖσα/θέν	τιθέμενος/η/ον		θέμενος /η/ον

§37. ἵημι

		현재(능)	미완(능)	단과(능)	현재(중/수)	미완(중/수)	단과(중)
• 직설법							
단	1	ἵημι	ἵην	ἧκα	ἵεμαι	ἱέμην	εἵμην
	2	ἵης	ἵεις	ἧκας	ἵεσαι	ἵεσο	εἷσο
	3	ἵησι(ν)	ἵει	ἧκε(ν)	ἵεται	ἵετο	εἷτο
복	1	ἵεμεν	ἵεμεν	ἥκαμεν/εἷμεν	ἱέμεθα	ἱέμεθα	εἵμεθα
	2	ἵετε	ἵετε	ἥκατε/εἷτε	ἵεσθε	ἵεσθε	εἷσθε
	3	ἱᾶσι(ν)	ἵεσαν	ἧκαν/εἷσαν	ἵενται	ἵεντο	εἷντο
• 접속법							
단	1	ἱῶ		ὧ	ἱῶμαι		ὧμαι
	2	ἱῇς		ᾗς	ἱῇ		ᾗ
	3	ἱῇ		ᾗ	ἱῆται		ἧται
복	1	ἱῶμεν		ὧμεν	ἱώμεθα		ὥμεθα
	2	ἱῆτε		ἧτε	ἱῆσθε		ἧσθε
	3	ἱῶσι(ν)		ὧσι(ν)	ἱῶνται		ὧνται
• 희구법							
단	1	ἱείην		εἵην	ἱείμην		εἵμην
	2	ἱείης		εἵης	ἱεῖο		εἷο
	3	ἱείη		εἵη	ἱεῖτο		εἷτο
복	1	ἱεῖμεν		εἷμεν	ἱείμεθα		εἵμεθα
	2	ἱεῖτε		εἷτε	ἱεῖσθε		εἷσθε
	3	ἱεῖεν		εἷεν	ἱεῖντο		εἷντο
• 명령법							
단	2	ἵει		ἕς	ἵεσο		οὗ
	3	ἱέτω		ἕτω	ἱεσθω		ἕσθω
복	2	ἵετε		ἕτε	ἵεσθε		ἕσθε
	3	ἱέντων		ἕντων	ἱέσθων		ἕσθων
		ἱέτωσαν		ἕτωσαν	ἱέσθωσαν		ἕσθωσαν
• 부정사							
		ἱέναι		εἷναι	ἵεσθαι		ἕσθαι
• 분사							
		ἱείς/ἱεῖσα/ἱέν		εἷς/εἷσα/ἕν	ἱέμενος/-η/-ον		ἕμενος /-η/-ον

*신약성경에서는 합성동사 형태로만 나온다(예: ἀφίημι).

§38. *φημί*의 능동태, *δείκνυμι*

		현재(능)	미완(능)	현재(능)	미완(능)	현재(중/수)	미완(중/수)
• 직설법							
단	1	φημί	ἔφην	δείκνυμι	ἐδείκνυν	δείκνυμαι	ἐδεικνύμην
	2	φῄς	ἔφης/ἔφησθα	δείκνυς	ἐδείκνυς	δείκνυσαι	ἐδείκνυσο
	3	φησί(ν)	ἔφη	δείκνυσι(ν)	ἐδείκνυ	δείκνυνται	ἐδείκνυτο
복	1	φαμέν	ἔφαμεν	δείκνυμεν	ἐδείκνυμεν	δεικνύμεθα	ἐδεικνύμεθα
	2	φατέ	ἔφατε	δείκνυτε	ἐδείκνυτε	δείκνυσθε	ἐδείκνυσθε
	3	φασί(ν)	ἔφασαν	δεικνύασι(ν)	ἐδείκνυσαν	δείκνυνται	ἐδείκνυντο
• 접속법							
단	1	φῶ		δεικνύω		δεικνύωμαι	
	2	φῇς		δεικνύῃς		δεικνύῃ	
	3	φῇ		δεικνύῃ		δεικνύηται	
복	1	φῶμεν		δεικνύωμεν		δεικνυώμεθα	
	2	φῆτε		δεικνύητε		δεικνύησθε	
	3	φῶσι(ν)		δεικνύωσι(ν)		δεικνύωνται	
• 희구법							
단	1	φαίην		δεικνύοιμι		δεικνυοίμην	
	2	φαίης		δεικνύοις		δεικνύοιο	
	3	φαίη		δεικνύοι		δεικνύοιτο	
복	1	φαῖμεν		δεικνύοιμεν		δεικνυοίμεθα	
	2	φαῖτε		δεικνύοιτε		δεικνύοισθε	
	3	φαῖεν		δεικνύοιεν		δεικνύοιντο	
• 명령법							
단	2	φάθι		δείκνυ		δείκνυσο	
	3	φάτω		δεικνύτω		δεικνύσθω	
복	2	φάτε		δείκνυτε		δείκνυσθε	
	3	φάντων		δεικνύντων δεικνύτωσαν		δεικνύσθων δεικνύσθωσαν	
• 부정사							
		φάναι		δεικνύναι		δείκνυσθαι	
• 분사							
		φάς/φᾶσα/φάν		δεικνύς/νῦσα/νύν		δεικνύμενος/η/ον	

§39. *λείπω*의 제2단순과거, *βαίνω*와 *γινώσκω*의 단순과거

	단과(능)	단과(중)	단과(능)	단과(능)
• 직설법				
단 1	ἔλιπον	ἐλιπόμην	ἔβην	ἔγνων
2	ἔλιπες	ἐλίπου	ἔβης	ἔγνως
3	ἔλιπε(ν)	ἐλίπετο	ἔβη	ἔγνω
복 1	ἐλίπομεν	ἐλιπόμεθα	ἔβημεν	ἔγνωμεν
2	ἐλίπετε	ἐλίπεσθε	ἔβητε	ἔγνωτε
3	ἔλιπον	ἐλίποντο	ἔβησαν	ἔγνωσαν
• 접속법				
단 1	λίπω	λίπωμαι	βῶ	γνῶ
2	λίπῃς	λίπῃ	βῇς	γνῷς
3	λίπῃ	λίπηται	βῇ	γνῷ
복 1	λίπωμεν	λιπώμεθα	βῶμεν	γνῶμεν
2	λίπητε	λίπησθε	βῆτε	γνῶτε
3	λίπωσι(ν)	λίπωνται	βῶσι(ν)	γνῶσι(ν)
• 희구법				
단 1	λίποιμι	λιποίμην	βαίην	γνοίην
2	λίποις	λίποιο	βαίης	γνοίης
3	λίποι	λίποιτο	βαίη	γνοίη
복 1	λίποιμεν	λιποίμεθα	βαῖμεν	γνοῖμεν
2	λίποιτε	λίποισθε	βαῖτε	γνοῖτε
3	λίποιεν	λίποιντο	βαῖεν	γνοῖεν
• 명령법				
단 2	λίπε	λιποῦ	βῆθι/βάθι	γνῶθι
3	λιπέτω	λιπέσθω	βήτω/βάτω	γνώτω
복 2	λίπετε	λίπεσθε	βῆτε/βάτε	γνῶτε
3	λιπόντων	λιπέσθων	βάντων	γνόντων
	λιπέτωσαν	λιπέσθωσαν	βήτωσαν	γνώτωσαν
• 부정사				
	λιπεῖν	λιπέσθαι	βῆναι	γνῶναι
• 분사				
	λιπών /-οῦσα/-όν	λιπόμενος/-η/-ον	βάς/βᾶσα/βάν	γνούς /-οῦσα/-όν

§40. ἄγω

		단과(능)	현완(능)	과완(능)	현완(중/수)	과완(중/수)
• 직설법						
단	1	ἤγαγον	ἦχα	ἤχη	ἦγμαι	ἤγμην
	2	ἤγαγες	ἦχας	ἤχης	ἦξαι	ἦξο
	3	ἤγαγε(ν)	ἦχε(ν)	ἤχει	ἦκται	ἦκτο
복	1	ἠγάγομεν	ἤχαμεν	ἤχεμεν	ἤγμεθα	ἤγμεθα
	2	ἠγάγετε	ἤχατε	ἤχετε	ἦχθε	ἦχθε
	3	ἤγαγον	ἤχασι(ν)	ἤχεσαν	ἠγμένοι εἰσί(ν)	ἠγμένοι ἦσαν
• 접속법						
단	1	ἀγάγω	ἤχω			
	2	ἀγάγῃς	ἤχῃς			
	3	ἀγάγῃ	ἤχῃ			
복	1	ἀγάγωμεν	ἤχωμεν			
	2	ἀγάγητε	ἤχητε			
	3	ἀγάγωσι(ν)	ἤχωσι(ν)			
• 명령법						
단	2	ἄγαγε				
	3	ἀγαγέτω				
복	2	ἀγάγετε				
	3	ἀγαγόντων				
• 부정사						
		ἀγαγεῖν	ἠχέναι		ἦχθαι	
• 분사						
		ἀγαγών /-οῦσα/-όν	ἠχώς/-υῖα/-ός		ἠγμένος/-η/-ον	

§41. *κρίνω*의 미래, *οἶδα*의 현재완료와 과거완료

	미래(능)	미래(중)	현완(능)	과완(능)
• 직설법				
단 1	κρινῶ	κρινοῦμαι	οἶδα	ᾔδειν/ᾔδη
2	κρινεῖς	κρινῇ	οἶσθα	ᾔδεις/ᾔδησθα
3	κρινεῖ	κρινεῖται	οἶδε	ᾔδει
복 1	κρινοῦμεν	κρινούμεθα	οἴδαμεν/ἴσμεν	ᾔδειμεν/ᾖσμεν
2	κρινεῖτε	κρινεῖσθε	οἴδατε/ἴστε	ᾔδειτε/ᾖστε
3	κρινοῦσι(ν)	κρινοῦνται	οἴδασι(ν)/ἴσασι(ν)	ᾔδεισαν/ᾖσαν
• 접속법				
단 1			εἰδῶ	
2			εἰδῇς	
3			εἰδῇ	
복 1			εἰδῶμεν	
2			εἰδῆτε	
3			εἰδῶσι(ν)	
• 희구법				
단 1			εἰδείην	
2			εἰδείης	
3			εἰδείη	
복 1			εἰδεῖμεν	
2			εἰδεῖτε	
3			εἰδεῖεν	
• 명령법				
단 2			ἴσθι	
3			ἴστω	
복 2			ἴστε	
3			ἴστων	
			ἴστωσαν	
• 부정사				
	κρινεῖν	κρινεῖσθαι	εἰδέναι	
• 분사				
	κρινῶν /-οῦσα/-οῦν	κρινούμενος/-η/-ον	εἰδώς/-υῖα/-ός	

§42. 동사의 여섯 가지 기본형(principal parts)

현재(능)	미래(능)	단과(능)	현완(능)	현완(중/수)	단과(수)	
ἀγαπάω	ἀγαπήσω	ἠγάπησα	ἠγάπηκα	ἠγάπημαι	ἠγαπήθην	사랑하다
ἀγγέλλω	ἀγγελῶ	ἤγγειλα	ἤγγελκα	ἤγγελμαι	ἠγγέλ(θ)ην	알리다
ἄγω	ἄξω	ἤγαγον /ἦξα	ἦχα	ἦγμαι	ἤχθην	인도하다
ᾄδω	ᾄσομαι	ᾖσα	–	ᾖσμαι	ᾖσθην	노래하다
αἰδέομαι	αἰδέσομαι	–	–	ᾔδεσμαι	ᾐδέσθην	느끼다
αἱρέω	αἱρήσω /ἑλῶ	εἷλον	ᾕρηκα	ᾕρημαι	ᾑρέθην	취하다, 고르다
αἰσθάνομαι	αἰσθήσομαι	ᾐσθόμην	–	ᾔσθημαι	–	깨닫다
αἰτέω	αἰτήσω	ᾔτησα	ᾔτηκα	ᾔτημαι	ᾐτήθην	청하다
ἀκούω	ἀκούσω /-σομαι	ἤκουσα	ἀκήκοα	(ἤκουσμαι)	ἠκούσθην	듣다
ἁλίσκομαι	ἁλώσομαι	ἑάλων	ἑάλωκα	–	–	사로잡히다
*고전 그리스어 이외:		ἥλων	ἥλωκα	*αἱρέω(잡다)의 수동태로 쓰임		
ἀλλάσσω	ἀλλάξω	ἤλλαξα	ἤλλαχα	ἤλλαγμαι	ἠλλάγην	바꾸다
*어간: ἀλλαγ-						
ἀνοίγνυμι /-ίγω	ἀνοίξω	ἀνέῳξα	ἀνέῳχα /-γα	ἀνέῳγμαι	ἀνεῴχθην	열다
ἀποκτείνω	ἀποκτενῶ	ἀπέκτεινα	ἀπέκτονα[2]	--	–	죽이다, 파괴하다
*고전 그리스어에서는 현재완료 수동태 ἀποθνῄσκω를 사용						
ἀπόλλυμι	ἀπολέσω /-λῶ	ἀπώλεσα (제2중간 ἀπωλόμην)	ἀπολώλεκα ἀπόλωλα	--	–	파괴하다 폐허가 되다
ἅπτω	ἅψω	ἧψα	–	ἧμμαι	ἥφθην	밝히다, 만지다(중)
ἀρέσκω	ἀρέσω	ἤρεσα	–	--	–	즐겁게 하다, 위로하다(중)
ἁρπάζω	ἁρπάσω/-σομαι	ἥρπασα	ἥρπακα	ἥρπασμαι	ἡρπάσθην	붙잡다
*어간: ἁρπαγ-						
ἄρχω	ἄρξω	ἦρξα	ἦρχα	ἦργμαι	ἤρχθην	다스리다, 시작하다(중)
ἀφικνέομαι	ἀφίξομαι	ἀφικόμην	–	ἀφῖγμαι	–	닿다, 도착하다
βαίνω	βήσομαι	ἔβην	βέβηκα	βέβαμαι	ἐβάθην	가다
βάλλω	βαλῶ	ἔβαλον	βέβλεκα	βέβλεμαι	ἐβλήθην	던지다
βιόω	βιώσομαι	ἐβίων	βεβίωκα	βεβίωμαι	–	살다
βλέπω	βλέψομαι /βλέψω	ἔβλεψα	–	--	–	보다

현재(능)	미래(능)	단과(능)	현완(능)	현완(중/수)	단과(수)	
γαμέω	γαμῶ	ἔγημα	γεγάμηκα	γεγάμημαι	ἐγαμήθην	혼인하다
γεννάω	γεννήσω	ἐγέννησα	γεγέννηκα	γεγέννημαι	ἐγεννήθην	낳다
γηράσκω /-άω	γηράσομαι /-άσω	ἐγήρασα	γεγήρακα	–	–	늙어가다
γί(γ)νομαι	γενήσομαι	ἐγενόμην	γέγονα	γεγένημαι	ἐγενήθην	되다
γι(γ)νώσκω	γνώσομαι	ἔγνων[2]	ἔγνωκα	ἔγνωσμαι	ἐγνώσθην	알다
γράφω	γράψω	ἔγραψα	γέγραφα	γέγραμμαι	ἐγράφην	쓰다
δείκνυμι /-νύω	δείξω	ἔδειξα	δέδειχα	δέδειγμαι	ἐδείχθην	보여 주다
δέχομαι	δέξομαι	ἐδεξάμην	–	δέδεγμαι	ἐδέχθην	받아들이다
δέω	δεήσω	ἐδέησα	δεδέηκα	δεδέημαι	ἐδεήθην	부족하다
δέω	δήσω	ἔδησα	δέδεκα	δέδεμαι	ἐδέθην	묶다
διδάσκω	διδάξω	ἐδίδαξα	δεδίδαχα	δεδίδαγμαι	ἐδιδάχθην	가르치다, 배우다(중)
(ἀπο)διδράσκω	-δράσομαι	-έδραν[2]	-δέδρακα	–	–	달아나다
δίδωμι	δώσω	ἔδωκα (제2중간 ἐδόμην)	δέδωκα	δέδομαι	ἐδόθην	주다
διώκω	διώχομαι /διώξω	ἐδίωξα	δεδίωχα	δεδίωγμαι	ἐδιώχθην	박해하다
δοκέω	δόξω	ἔδοξα	–	δέδογμαι	ἐδόχθην	…인 듯하다
δοξάζω	δοξάσω	ἐδόξασα	δεδόξακα	δεδόξασμαι	ἐδοξάσθην	영광되게 하다
δύναμαι	δυνήσομαι	ἐδυνησάμην	–	δεδύνημαι	ἐδυνήθην	할 수 있다
ἐάω	ἐάσω	εἴασα	εἴακα	εἴαμαι	εἰάθην	허락하다
ἐγείρω	ἐγερῶ	ἤγειρα	ἐγήγερκα	ἐγήγερμαι	ἠγέρθην	일으키다
εἶμι	–	–	–	–	–	가다
εἰμί	ἔσομαι	–	–	–	–	… 이다, 있다
ἐλαύνω	ἐλῶ	ἤλασα	ἐλήλακα	ἐλήλαμαι	ἠλάθην	운전하다
ἐλέγχω	ἐλέγξω	ἤλεγξα	–	ἐλήλεγμαι	ἠλέγχθην	조사하다
ἕλκω	ἕλξω	εἵλκυσα	εἵλκυκα	εἵλκυσμαι	εἱλκύσθην	끌어당기다
ἐλπίζω *어간: ἐλπιδ-	ἐλπιῶ	ἤλπισα	ἤλπικα	–	–	희망하다
ἐπίσταμαι	ἐπιστήσομαι	–	–	–	ἠπιστήθην	이해하다
ἕπομαι	ἕψομαι	ἑσπόμην 미완료 εἱπόμην	–	–	–	따라가다
ἐργάζομαι	ἐργάσομαι	ἠργασάμην	–	εἴργασμαι	ἠργάσθην	일하다

현재(능)	미래(능)	단과(능)	현완(능)	현완(중/수)	단과(수)	
ἔρχομαι	ἐλεύσομαι	ἦλθον	ἐλήλυθα	–	–	가다
ἐρωτάω	ἐρωτήσω	ἠρώτησα	ἠρώτηκα	ἠρώτημαι	ἠρωτήθην	묻다
ἐσθίω	ἔδομαι /φάγομαι	ἔφαγον	ἐδήδοκα	ἐδήδεσμαι	ἠδέσθην	먹다
ἑτοιμάζω	ἑτοιμάσω	ἡτοίμασα	ἡτοίμακα	ἡτοίμασμαι	ἡτοιμάσθην	준비하다
*어간: ἑτοιμ-						
εὐαγγελίζω	-αγγελίσω	-ηγγέλισα	-ηγγέλικα	-ηγγέλισμαι	-ηγγελίσθην	복음 선포하다
εὑρίσκω	εὑρήσω	εὗρον[2]	εὕρηκα	εὕρημαι	εὑρέθην	발견하다
*단순과거 능동/수동태와 완료에서 가끔 ηὑ- 쓰임						
εὔχομαι	εὔξομαι	ηὐξάμην	–	ηὖγμαι	–	기도하다
ἔχω	ἕξω/σχήσω	ἔσχον	ἔσχηκα	ἔσχημαι	ἐσχέθην	가지다
	미완료 εἶχον					
ἥκω	ἥξω	ἧξα	ἧκα	–	–	왔다
θάπτω	θάψω	ἔθαψα	–	τέθαμμαι	ἐτάφην	묻다
θαυμάζω	θαυμάσομαι	ἐθαύμασα	τεθαύμακα	–	ἐθαυμάσθην	놀라다
*어간: θαυμα-αδ-						
θλίβω	θλίψω	ἔθλιψα	τέθλιφα	τέθλιμμαι	ἐθλίφθην	억누르다
θνή(ῄ)σκω	θανοῦμαι	ἔθανον[2]	τέθνηκα	–	–	죽다, 죽어 있다(2과거/현완)
*ἀποθνή(ῄ)σκω는 ἀποκτείνω의 수동태로 쓰임						
θύω	θύσω	ἔθυσα	τέθυκα	τέθυμαι	ἐτύθην	제사 바치다
ἵημι	ἥσω	ἧκα (제2중간 εἵμην)	εἷκα	εἷμαι	εἵθην	보내다, 던지다
ἱλάσκομαι	ἱλάσομαι	ἱλασάμην	–	–	ἱλάσθην	용서하다
ἵσταμαι	στήσομαι	ἐστησάμην	–	–	–	(자신을 위해서) 세우다
ἵστημι	στήσω	ἔστησα / ἔστην[2]	ἕστηκα/ἕστατον[2]	ἕσταμαι	ἐστάθην	세우다(타), 서다(자)
καθαίρω	καθαρῶ	ἐκάθηρα	–	κεκάθαρμαι	ἐκαθάρθην	정화하다
*καθαιρέω와 혼동하지 말 것						
καίω/κάω	καύσω	ἔκαυσα	κέκαυκα	κέκαυμαι	ἐκαύθην	태우다
*κάω의 현재는 단축 어미를 갖지 않음						
καλύπτω	καλύψω	ἐκάλυψα	–	κεκάλυμμαι	ἐκαλύφθην	덮다
κελεύω	κελεύσω	ἐκέλευσα	κεκέλευκα	κεκέλευσμαι	ἐκελεύσθην	명령하다
*현완/단과 수동태 -σ-에 유의, θεραπεύω(치료하다), πιστεύω(믿다)도 참조(-σ-가 없음)						
κηρύσσω	κηρύξω	ἐκήρυξα	κεκήρυξα	κεκήρυγμαι	ἐκηρύχθην	알리다
*어간: κηρυχ-						

현재(능)	미래(능)	단과(능)	현완(능)	현완(중/수)	단과(수)	
κλέπτω	κλέψω /-ομαι	ἔκλεψα	κέκλοφα	κέκλεμμαι	ἐκλάπην	훔치다
κλίνω	κλινῶ	ἔκλινα	κέκλικα	κέκλιμαι	ἐκλίθην	구부리다
κόπτω	κόψω	ἔκοψα	κέκοφα	κέκομμαι	ἐκόπην	자르다, 애도하다(중)
κρίνω	κρινῶ	ἔκρινα	κέκρικα	κέκριμαι	ἐκρίθην	판단하다
κρύπτω	κρύψω	ἔκρυψα	κέκρυφα	κέκρυμμαι	ἐκρύφθην	숨다
κτάομαι	κτήσομαι	ἐκτησάμην	–	κέκτημαι	–	획득하다
λαμβάνω	λή(μ)ψομαι	ἔλαβον	εἴληφα	εἴλημμαι	ἐλή(μ)φθην	취하다
λανθάνω /λήθω	λήσω	ἔλαθον	λέληθα	–	–	도망치다, 알아채다
λέγω(εἴρω)	ἐρῶ	εἶπον	εἴρηκα	εἴρημαι	ἐρρήθην	말하다
λέγω	λέξω	ἔλεξα	–	λέλεγμαι	ἐλέχθην	모으다
λείπω	λείψω	ἔλιπον	λέλοιπα	λέλειμμαι	ἐλείφθην	남겨두다
μανθάνω	μαθήσομαι	ἔμαθον	μεμάθηκα	–	–	배우다
μάχομαι	μαχοῦμαι	ἐμαχεσάμην	–	μεμάχημαι		싸우다
μέλω	μελήσω	ἐμέλησα	μεμέληκα	–	–	돌보다
*μέλει(…하려 하다)는 비인칭으로 자주 쓰임						
μέμφομαι	μέμψομαι	ἐμεμψάμην	–	–	–	원망하다
μένω	μενῶ	ἔμεινα	μεμένηκα	–	–	머무르다
μιμνή(ῄ)σκω	μνήσω	ἔμνησα	–	μέμνημαι	ἐμνήσθην	기억나게 하다, 기억하다(중)
*합성동사: ἀναμιμνήσκω						
νομίζω	νομιῶ	ἐνόμισα	νενόμικα	νενόμισμαι	ἐνομίσθην	믿다
*어간: νομο-						
ξηραίνω	ξηρανῶ	ἐξήρανα	–	ἐξήρασμαι	ἐξηράνθην	건조하다
οἶμαι(←οἴομαι)	οἰήσομαι	–	–	(οἶμαι)	ᾠήθην	생각하다
ὁράω	ὄψομαι	εἶδον	ἑώ(ό)ρακα	ἑώραμαι/ὦμμαι	ὤφθην	보다
*혼합 어간						
ὀρύσσω	ὀρύξω	ὤρυξα	ὀρώρυχα	ὀρώρυγμαι	ὠρύχθην /ὠρύγην	파다
*어간: ὀρυχ-						
πάσχω	πείσομαι	ἔπαθον	πέπονθα	–	–	수난하다
πείθω	πείσω	ἔπεισα	πέπεικα /πέποιθα	πέπεισμαι	ἐπείσθην	설득하다, 믿다
πειράζω	πειράσω	ἐπείρασα	πεπείρακα	πεπείρασμαι	ἐπειράσθην	유혹하다
πέμπω	πέμψω	ἔπεμψα	πέπομφα	πέπεμμαι	ἐπέμφθην	보내다
πίνω	πίο(ῦ)μαι	ἔπιον	πέπωκα	πέπομαι	ἐπόθην	마시다
πίπτω	πεσοῦμαι	ἔπεσον	πέπτωκα	–	–	떨어지다

현재(능)	미래(능)	단과(능)	현완(능)	현완(중/수)	단과(수)	
πλέω	πλεύσο(υ)μαι /πλεύσω	ἔπλευσα	πέπλευκα	πέπλευσμαι	ἐπλεύσθην	항해하다
πλήσσω	πλήξω	ἔπληξα	πέπληγα	πέπληγμαι	ἐπλή(ά)γην	때리다
*어간: πλαγ-/πληγ- 참조: πλήγνυμι. 흔히 합성동사로 나타남						
ποιέω	ποιήσω	ἐποίησα	πεποίηκα	πεποίημαι	ἐποιήθην	만들다,하다
πράσσω	πράξω	ἔπραξα	πέπραχ(γ)α	πέπραγμαι	ἐπράχθην	하다
*어간: πραγ-						
πυνθάνομαι	πεύσομαι	ἐπυθόμην	–	πέπυσμαι	–	캐묻다,배우다
ῥέω	ῥεύσομαι /ῥυήσομαι	ἔρρευσα	ἐρρύηκα	–	ἐρρύην	흐르다
ῥήγνυμι	ῥήξω	ἔρρηξα	ἔρρωγα[2]	ἔρρηγμαι	ἐρράγην	깨뜨리다
σημαίνω	σημανῶ	ἐσήμηνα /-μανα	–	σεσήμασμαι	ἐσημάνθην	표시하다
σπείρω	σπερῶ	ἔσπειρα	ἔσπαρκα	ἔσπαρμαι	ἐσπάρην	씨뿌리다
στέλλω	στελῶ	ἔστειλα	ἔσταλκα	ἔσταλμαι	ἐστάλην	보내다
στρέφω	στρέψω	ἔστρεψα	ἔστροφα	ἔστραμμαι	ἐστράφην	돌아서다
σφάσσω /-άζω *어간: σφαγ-	σπάξω	ἔσπαξα	ἔσπακα	ἔσπαγμαι	ἐσφάγην	죽이다
σῴζω/σῷζω	σώσω	ἔσωσα	σέσωκα	σέσῳσμαι	ἐσώθην	구원하다
*어간: σω-, σωι- **καθαρίζω(정화하다), στηρίζω(확립하다)도 여기에 속함						
ταράσσω	ταράξω	ἐτάραξα	–	τετάραγμαι	ἐταράχθην	방해하다
*어간: ταραχ-						
τάσσω	τάξω	ἔταξα	τέταχα	τέταγμαι	ἐτάχθην	마련하다, 정리하다
*어간: ταγ-						
τείνω	τενῶ	ἔτεινα	τέτακα	τέταμαι	ἐτάθην	펴다,늘이다
*ἐκτείνω, προτείνω처럼 합성동사로 많이 쓰임						
τελέω	τελῶ	ἐτέλεσα	τετέλεκα	τετέλεσμαι	ἐτελέσθην	끝마치다
τέμνω	τεμῶ	ἔτεμον	τέτμηκα	τέτμημαι	ἐτμήθην	베다,자르다
τίθημι	θήσω	ἔθηκα (제2중간 ἐθέμην)	τέθεικα	τέθειμαι	ἐτέθην	놓다,두다
τίκτω	τέξομαι	ἔτεκον	τέτοκα	–	ἐτέχθην	낳다
τιμάω	τιμήσω	ἐτίμησα	τετίμηκα	τετίμημαι	ἐτιμήθην	공경하다
τρέπω	τρέψω	ἔτρεψα /ἔτραπον	τέτροφα	τέτραμμαι	ἐτράπην	돌아서다, 도망가다(중)
τρέφω	θρέψω	ἔθρεψα	τέτροφα	τέθραμμαι	ἐτράφην	기르다
τρέχω	δραμοῦμαι	ἔδραμον	δεδράμηκα	δεδράμημαι	–	달리다

현재(능)	미래(능)	단과(능)	현완(능)	현완(중/수)	단과(수)	
τυγχάνω	τεύξομαι	ἔτυχον	τετύχηκα	τέτ(ε)υγμαι	ἐτ(ε)ύχθην	얻다
φαίνομαι	φανήσομαι	ἐφάνην[2]	πέφηνα[2]	φάνουμαι	–	나타나다(자)
φαίνω	φανῶ	ἔφηνα	πέφαγκα	πέφασμαι	ἐφάνθην	보여 주다(타)
φανερόω	φανερώσω	ἐφανέρωσα	πεφανέρωκα	πεφανέρωμαι	ἐφανερώθην	나타나게 하다
*πληρόω(채우다), σταυρόω(십자가에 매달다)도 여기 속함(이때 –σ– 없음)						
φέρω	οἴσω	ἤνεγκα /-γκον	ἐνήνοχα	ἐνήνεγμαι	ἠνέχθην	나르다
φεύγω	φεύξομαι	ἔφυγον	πέφευγα	–	–	달아나다
φημί	φήσω	ἔφησα	–	–	–	말하다
φθείρω	φθερῶ	ἔφθειρα	ἔφθαρκα /ἔφθορα[2](중)	ἔφθαρμαι	ἐφθάρην	파괴하다, 멸망하다
*보통 διαφθείρω로 쓰임						
φιλέω	φιλήσω	ἐφίλησα	πεφίληκα	πεφίλημαι	ἐφιλήθην	사랑하다
φυλάσσω	φυλάξω	ἐφύλαξα	πεφύλαχα	πεφύλαγμαι	ἐφυλάχθην	지키다, …의 경호원이 되다(현완 중)
*어간: φυλακ-						
φύω	φύσω	ἔφυσα /ἔφυν	πέφυκα	–	–	산출하다, 성장시키다
χέω	χέω	ἔχεα	κέχυκα	κέχυμαι	ἐχύθην	쏟다
*본디 어간은 χύ-, ἐκχέω로 자주 쓰임						